AF340551

NANTES,

IMPRIMERIE DE VINCENT FOREST ET ÉMILE CRIMAUD

Place du Commerce, No 1.

QUELQUES MOTS

SUR

LA RÉCLAMATION

ADRESSÉE AU GOUVERNEMENT FRANÇAIS

PAR LE CAPITAINE SIMON,

Affréteur et commandant du navire français REGINA-CŒLI,

A L'OCCASION DES PERTES ÉPROUVÉES PAR LUI LORS DU CONFLIT SURVENU A MONROVIA EN AVRIL 1858, ENTRE LE CHEF D'ÉTAT-MAJOR DE LA STATION DES COTES OCCIDENTALES D'AFRIQUE, LE SIEUR NWHMANN, CONSUL ANGLO-FRANÇAIS A MONROVIA, ET LE GOUVERNEMENT DE LIBERIA.

⸺ ◊◊◊◊◊ ⸺

Le 29 août 1857, muni d'une autorisation régulière de son Excellence Monsieur le Ministre de la Marine [1], je mettais à la voile du port de Nantes pour la côte occidentale d'Afrique avec le navire *Regina-Cœli*, dont j'étais tout à la fois le capitaine et l'affréteur.

Je me proposais d'aller recruter des émigrants africains tant sur la côte occidentale que sur la côte orientale d'Afrique, sans aucune subvention du Gouvernement, devant jouir, à raison de cette circonstance, de la liberté d'introduire les émigrants dans nos colonies de la Réunion, de la Martinique, de la Guadeloupe et de Cayenne, et de disposer de leurs contrats d'engagement en faveur des colons, en me conformant aux décrets qui régissent l'émigration.

La lettre de Son Excellence Monsieur le Ministre de la Marine qui, à la date du 27 janvier 1857, contient les prescriptions les plus minutieuses, en recommande

[1] Voir au Dossier les pièces Nos 2, 5 et 47. Voir le Mémoire imprimé, pages 4, 25 et 53, paragraphes 4, 112, 113 et 201.

1861

les précautions les plus sages, tant au point de vue commercial qu'au point de vue de l'humanité et des relations de politique, contient une phrase qui mérite surtout d'être signalée :

« Sans vous interdire positivement d'opérer des recrutements dans les établis-
» sements anglais de la côte d'Afrique ainsi que dans l'État de Libéria, dont le
» président a récemment publié des dispositions très-restrictives de l'émigration, je
» crois devoir, disait Son Excellence, vous recommander cependant, dans votre
» propre intérêt d'apporter dans les enrôlements que vous pourriez faire dans ces
» localités la plus grande réserve [1]. »

J'étais à Gorée, le 4 octobre et là, conformément à mes instructions, je recevais à mon bord un agent spécial désigné par Monsieur le Gouverneur de cette colonie, et deux jours après, je prenais congé de cet officier supérieur qui, prévenu de la nature et du but de mes opérations par Son Excellence Monsieur le Ministre de la Marine [2], ne me fit aucune objection, et je mettais à la voile, me dirigeant sur la côte de Sougari, dont le roi, quoique voisin de la République de Libéria, en est complétement indépendant.

Le 29 octobre, j'arrivais à ma destination, et dès le 1er avril 1858, grâce au concours très-actif du roi de Sougari avec lequel j'étais depuis longtemps en bonnes relations, j'avais pu, sans faire aucune excursion sur les États de Libéria ni surtout sur les côtes où se trouvent des établissements anglais, compléter mes engagements d'émigrants dont le nombre s'élevait à 459 [3].

J'avais donc non-seulement accompli toutes les prescriptions qui m'étaient imposées, mais encore j'avais suivi les conseils de pure précaution et de prudence que l'on m'avait engagé à pratiquer dans mes propres intérêts. Le 9 avril, j'avais déjà à bord depuis quelques jours 271 émigrants, les 188 autres étaient à terre, en subsistance, dans les États du roi de Sougari.

Mais tout à coup, pendant que j'étais à terre occupé des approvisionnements d'eau et de vivres nécessaires, une collision eut lieu entre quelques émigrants et le cuisinier

[1] Voir le Dossier, pièce No 2.
[2] Voir le même Dossier, pièce No 5, paragraphes 5 et suivants.
[3] Voir Mémoire imprimé, pages 5 à 26, 33 à 34, paragraphes 5, 8 à 113 136 à 137.

du bord sur le prétexte le plus futile, et bientôt onze de mes hommes étaient massacrés et ce fut à grand' peine que deux d'entre eux parvinrent à s'échapper et à venir me rejoindre, plus ou moins blessés. Je ne reviendrai point sur les douloureux souvenirs de cette journée lugubre, mais je rappellerai que je me préoccupai immédiatement des moyens efficaces pour rentrer à bord et y recouvrer mon autorité et punir les révoltés. Sur ma demande, et dès la première nouvelle de la révolte, le Gouverneur du cap Monte m'envoya 40 Libériens bien armés [1], et, avec ce renfort, je me disposai, à la tête des hommes de mon équipage qui m'avaient accompagné à terre ou échappés au massacre, à reprendre par la force ou par la persuasion, la possession de mon navire ancré à ce moment sur la côte de Sougari.

J'avais aussi immédiatement dépêché à Monrovia, capitale des États de Libéria, dont nous n'étions éloignés que de 17 lieues, monsieur Martin, l'agent d'émigration, mis à mon bord par le Gouverneur de Gorée, afin qu'il surveillât le passage du premier paquebot qui se présenterait et en profitât pour aller soit à Gorée, soit à Sierra-Léone, informer l'autorité française de ce qui venait d'arriver à bord du *Regina-Cœli*. Quant à moi j'étais convaincu que mon navire ne pouvait m'échapper.

En effet, soit de vive force, soit par la famine, je me croyais sûr de réduire les mutins qui n'étaient, après tout, qu'une faible minorité.

Je pris donc tout d'abord des mesures d'observation sur la côte afin d'empêcher tout débarquement susceptible de favoriser le pillage de mon navire ou l'évasion de mes émigrants auxquels j'avais déboursé de fortes avances.

D'un autre côté, je ne tardai pas à acquérir la preuve qu'il n'y avait à bord personne capable de gouverner mon navire, et les mauvais temps qui commençaient à sévir dans ces parages, rendaient très-précaire la position de gens étrangers à la marine, je devais donc m'en tenir à une surveillance armée et à des mesures d'intimidation. J'espérais voir vientôt se manifester une soumission complète [2].

[1] Voir Mémoire imprimé, pages 7, 27 et 67, paragraphes 20, 115 et 221. Voir au Dossier, pièces N° 11.

[2] Voir le mémoire imprimé, page 14, paragraphe 66. Voir aussi pages 45 à 52. Lois et usages en matière de sauvetage.

Mais pendant que je me tenais sur la côte de Sugary en observation, ne perdant mon navire de vue ni jour ni nuit, et circulant incessamment autour avec ma baleinière, de graves événements s'accomplissaient à Monrovia.

Le 14 avril, en même temps que la nouvelle des déplorables événements survenus à bord du *Regina-Cœli*, parvenait dans cette ville l'*Éthiops*, paquebot-poste anglais faisant le service de la malle royale anglaise et subventionné par le gouvernement anglais, y mouillait, venant d'Angleterre et se dirigeant vers le sud.

Son capitaine, le sieur Craft, fut averti de la position fâcheuse où je me trouvais par le sieur Nwhman, qui remplissait à Monrovia la double fonction de consul français et de consul anglais.

Tous deux conçurent aussitôt l'idée d'une spéculation monstrueuse, celle d'enlever et de s'approprier mon navire sous prétexte de sauvetage et de me rançonner impitoyablement.

Le jour même, l'*Éthiops* quittant sa route, et sans que personne eut de ma part sollicité son concours[1], se dirigeait à toute vapeur vers la côte de Sugary, franchissait rapidement les dix-sept lieues qui le séparaient de mon navire, et, le lendemain matin 15 avril, sous mes yeux et malgré mes remontrances et mes protestations, il s'en emparait en pactisant avec les révoltés, auxquels il promettait l'impunité et la liberté de débarquer à Monrovia[2].

Pressé par moi de s'expliquer sur cette violation du droit des gens, le capitaine Craft, accompagné du fameux Robert, l'ex-président des états de Liberia, qui s'était empressé de se joindre à lui pour coopérer à faire cette avanie au pavillon français, dont il est l'ennemi juré, le capitaine Craft, dis-je, au moment où malgré lui je m'élançais sur son banc de quart, me répondait que mon navire était sa propriété, qu'il avait ordre de l'enlever, et pour mettre fin à une lutte qu'il prévoyait dangereuse pour lui, son second et deux noirs me prirent au collet par son ordre et m'entraînèrent dans la chambre où je restai prisonnier, gardé à vue par deux matelots armés[3].

---

[1] Voir le Mémoire imprimé, pages 10 et 28 ; paragraphes 39, 116 et 117.

[2] Voir le Mémoire imprimé, pages 15 à 17, 28 à 30, et 38 ; paragraphes 71 à 81, 117 à 136, 143.

[3] Voir le Mémoire imprimé, pages 15, 16, 17 ; paragraphes 73 à 74, 159 à 162.

Cette odieuse conduite donna lieu à une énergique protestation de la part de l'honorable consul d'Espagne à Acra, passager à bord de l'*Éthiops*, et qui se rendait à son poste. On ne l'écouta pas, et il adressa des protestations aux ambassadeurs d'Espagne à Londres et à Paris. Ces dépêches me furent confiées, et je les ai fait parvenir en Europe [1].

Pendant que, privé de ma liberté, j'étais hors d'état d'agir, la spoliation de ma fortune se consommait.

Un équipage anglais était installé à bord de mon navire, et l'*Éthiops* rentrait, le même jour, à Monrovia traînant à la remorque un navire français qu'il avait capturé et dont il avait fait le capitaine prisonnier parce que celui-ci voulait défendre son navire.

À peine débarqué, je me rendis chez le consul de France, Nwhman, et lui remis en double expédition ma protestation contre le vol de mon navire enlevé de force et à mon corps défendant, par le capitaine Caft [2].

Mais ce prétendu représentant de la France étant complice de l'attentat dont je me plaignais, ma protestation ne fut reçue par lui qu'avec un méprisant dédain et je ne trouvai en lui aucun appui.

Cependant l'*Éthiops* pressé de continuer sa route et de reparer le temps perdu, avait chauffé à toute vapeur, et s'éloignait de Monrovia après avoir consigné *sa prise* aux bons soins de ce même consul anglo-français Nwhman et d'un agent anglais resté à bord avec un équipage anglais.

D'un autre côté, le gouvernement de Liberia averti par moi, m'avait promis d'empêcher tout débarquement et avait annoncé qu'il allait vérifier l'objet de ma plainte [3].

Mais aussitôt *Nwhman agissant alors officiellement en qualité de consul anglais*, refusait de donner sa signature pour autoriser la visite des autorités à bord de mon

[1] Voir le Mémoire imprimé, pages 15, 16, 47 ; paragraphes 72, 74, 162.
[2] Voir Mémoire imprimé, pages 30 à 31, 48, paragraphes 127 131, 165.
[3] Voir Mémoire imprimé, page 68, paragraphe 223.

navire [1], comme si l'acte de piraterie commis par l'*Éthiops* avait dénationalisé le *Regina-Cœli* et l'avait converti en propriété anglaise.

Cette morosité calculée du consul anglais fit perdre un temps considérable en allées et venues inutiles ; toute la matinée s'écoula, et dans l'après-midi, avec la connivence des autorités libériennes qui affectaient, en restant dans l'inaction, de respecter les prohibitions du consul anglais, tous les émigrants du *Regina-Cœli* débarquèrent à leur aise, dans des pirogues du pays, emportant avec eux toute la cargaison, tous les ustensiles de bord et tous les effets tant de l'équipage que des officiers [2].

Ce fut un pillage général et complet, et d'autant plus prompt et plus facile que les habitants de Monrovia y prêtaient la main et prenaient leur part du butin.

Cet événement incroyable se passait en plein jour, sous les yeux non-seulement des autorités de Liberia, qui demeuraient impassibles, mais encore en présence de l'équipage anglais placé à bord par le capitaine Craft et sous les yeux du consul Nwhman, qui oubliait qu'il était alors *consul de France* [3]. Quatre jours après, pour achever le dénouement de ce drame odieux, je recevais la visite de l'agent anglais chargé par le capitaine Craft de ses intérêts, lequel faisant sonner bien haut le service qu'il m'avait rendu malgré moi, me demandait pour indemnité de son prétendu sauvetage une somme de 300,000 francs, à ce compte, il consentait à me rendre mon navire qui valait bien, disait-il, 600,000 francs.

Mais l'arrivée subite de deux navires français, le *Daim* et le *Renaudin*, vint changer la face des choses.

Le premier venait de Gorée, muni des instructions du Gouverneur de cette colonie [4], lequel avait eu connaissance de mes malheurs par M. Martin, l'agent d'émigration que j'avais reçu à mon passage à Gorée, et qui, envoyé par moi le surlende-

[1] Voir Mémoire imprimé, page 18 à 19, paragraphe 93 à 94.
[2] Voir Mémoire imprimé, pages 19, 32, paragraphes, 94 132.
[3] Voir Mémoire imprimé, pages 32, 36 à 37, 45 à 46, paragraphes 132 et 141, 148 à 156..
[4] Voir au dossier de la Marine les instructions données à ce commandant. (Voir Mémoire imprimé, page 20, paragraphe 113 ; page 32 à 33, paragraphe 133 à 135.

main des événements à Monrovia, était parvenu à trouver passage sur le paquebot de la malle qui se dirigeait vers l'Europe.

Le second venait du Gabon et avait à son bord le chef d'état-major du capitaine de vaisseau Protet, commandant en chef de la station des côtes occidentales d'Afrique, et aujourd'hui contre-amiral. M. Protet avait eu connaissance des brillants exploits du capitaine Craft, par une dépêche que lui avait fait parvenir aussitôt son arrivée à Acra, le consul espagnol débarqué de l'*Éthiops* [1].

Le chef d'état-major Pointel était porteur des ordres de son commandant et devait, à tout prix, me faire restituer mon navire.

En vertu de ses pleins pouvoirs, il prit aussitôt la direction d'une instruction tendant à faire jaillir la lumière sur les causes et les auteurs des fait odieux dont j'étais la victime [2], et son premier soin fut, après un conseil tenu avec les commandants des navires de guerre le *Daim* et le *Renaudin*, de destituer l'indigne Nwhman, l'instigateur et le complice de la coupable spéculation du capitaine Craft de ses fonctions de consul de France, dont il avait fait un usage si perfide.

Mais Nwhman ainsi justement flétri dans son honneur et sa position, insinua aux autorités libériennes qu'il était victime de son zèle pour les intérêts de la nation anglaise, et que le gouvernement de Liberia, en allié fidèle de l'Angleterre, devait le soutenir et repousser l'action du chef d'état-major. Aussi, celui-ci éprouva-t-il une résistance complète de la part des autorités de ce petit pays, qui lui déclarèrent qu'elles ne lui reconnaissaient aucunement le droit qu'il prétendait exercer [3], de destituer un consul de France et qu'il devait s'abstenir de toute action, jusqu'à ce que le tribunal de Monrovia, saisi de la question du règlement du prétendu sauvetage eut rendu sa sentence [4].

[1] Les dépêches de ce consul, trop virulentes contre le gouvernement anglais, pour éviter un conflit, ne furent pas reproduites; mais un extrait figure au dossier du chef d'état-major.

[2] Voir Mémoire imprimé, pages 21, 67, paragraphes 106 à 108, 222.

[3] Voir au dossier du chef d'état-major les dépêches échangées avec le président de la république libérienne. Voir mémoire imprimé, page 21, paragraphe 106.

[4] Voir Mémoire imprimé, pages 16, 18, 37, paragraphes 80, 93, 142. Voir au dossier, pièce N° 13. Voir au dossier du chef d'état-major, pièces 5, 6, 7, 8, mai 1858.

Le chef d'état-major comprit aussitôt qu'il était inutile de parler raison à des gens volontairement sourds et qui étaient évidemment les protecteurs et les complices d'un acte insigne de piraterie.

Il n'admit pas un seul moment comme possible qu'un officier de la Marine impériale de France restât, lorsqu'il avait quelques canons à sa disposition, spectateur paisible et patient d'actes violents et frauduleux qui portaient atteinte tout à la fois au respect du pavillon français et aux intérêts du commerce national.

Il ne voulut pas avoir l'air de faiblir devant le mauvais vouloir des liberiens, ni d'hésiter dans l'accomplissement de sa mission, parce qu'on le menaçait de la colère des Anglais.

On niait son autorité et son droit; il fit sa preuve en agissant et aussitôt après une sommation restée sans réponse, et qui demandait le rétablissement du pavillon français sur le *Regina-Cœli*, le renvoi de l'équipage anglo-liberien et la remise du navire, il l'accosta, en chassa les ravisseurs et mit à bord un équipage et un officier français puis, le prenant à la remorque, il fit flotter à l'arrière le pavillon national et partit sans se préoccuper davantage des Liberiens et des Anglais, au grand ébahissement de la population, accourue sur la plage.

Quelques jours après cet acte de vigoureuse énergie, nous arrivions à Gorée, d'où je partais avec les débris de mon équipage pour rentrer au port de Nantes.
Voilà les faits dans toute leur simplicité; voyons qu'elles en ont été les conséquences, et pour le gouvernement français et pour moi.

Tout d'abord, je n'examinerai point la question de savoir si le chef d'état-major Pointel, représentant la France dans un moment où le pavillon français venait d'être humilié par le pavillon anglais et où la voix de la France était méconnue par le gouvernement liberien, pouvait ou devait agir autrement qu'il ne l'a fait en enlevant énergiquement mon navire à d'injustes ravisseurs et en l'arrachant des mains des Anglais et des autorités liberiennes.

L'honneur de la France était sérieusement engagé dans ce conflit, on niait à l'officier français son droit d'agir et de parler au nom de la France. Il a fait sa preuve en agissant avec résolution et décision, et fort de la puissance de son droit, il a tranché la question par la force tout en évitant un conflit qui pouvait compromettre les bonnes relations de la France avec l'Angleterre. Sa conduite, en cette circonstance, lui a mérité l'approbation de tous les hommes de cœur, et le gouvernement français, lui a témoigné sa haute satisfaction en l'élevant au grade d'officier de la Légion-d'Honneur.

L'honneur national a donc eu pleine satisfaction, et le gouvernement anglais, malgré l'émotion causée en Angleterre par cet acte énergique, qui semblait injurieux pour son pavillon, n'a pas osé réclamer.

Bien plus, la compagnie des paquebots de la malle anglaise a destitué le capitaine Craft de son commandement, et n'a donné aucune suite à son prétendu droit de sauvetage.

Mais on ne peut se dissimuler que mes intérêts, comme affréteur du *Regina-Cœli*, ont été complétement sacrifiés. Le navire a bien été sauvé et, sous ce rapport, le propriétaire peut peut-être se croire désintéressé, mais mon opération a été annulée, mes dépenses et mes bénéfices perdus, en un mot, j'ai éprouvé le désastre le plus complet. Cet abandon de mes intérêts a pu être considéré par l'honorable chef d'état-major comme une nécessité politique, et tout gouvernement soucieux des véritables intérêts du pays ne devait pas hésiter à l'accomplir en se plaçant au point de vue des relations internationales.

Mais à une condition, c'est d'en faire son affaire propre et d'indemniser généreusement la victime.

Ce principe reçoit tous les jours son application dans les circonstances toutes paisibles de la vie civile, et tous les jours nous voyons un citoyen exproprié pour cause d'utilité publique et indemnisé par l'État.

Donc, j'ai le droit de dire que j'ai subi une véritable expropriation pour cause d'utilité publique et pour une raison d'État, d'un intérêt de premier ordre, d'un intérêt qui s'appelle l'honneur national devant lequel tout Français doit s'incliner avec respect et confiance, certain qu'il est d'obtenir de son gouvernement la juste indemnité du préjudice souffert.

Je dis que j'ai été exproprié pour cause d'intérêt national et de politique inter-
nationale.

Voici, en effet, quelle était ma situation au moment où le chef d'état-major
Pointel, chassant l'équipage anglo-liberien qui occupait le *Regina-Cœli*, a pris
ce navire à la remorque du *Renaudin*, et l'a conduit à Gorée.

1° J'étais en instance régulière devant les tribunaux de Liberia [1], afin de faire
juger contre le capitaine de l'*Éthiops* et la compagnie que mon navire n'était point
une épave, lorsque le capitaine Craft, sous mes yeux et malgré moi, s'en est emparé.

Nul doute que continuant sur les lieux la suite de l'instruction de cette affaire,
appuyée surtout par là présence des deux navires de guerre français, on ne m'eût
rendu justice.

Cela devient évident, si l'on se rappelle la déclaration et l'énergique protestation
du consul d'Espagne à Acra, passager à bord de l'*Éthiops*, et témoin désintéressé.

Ce qui le prouve encore, c'est que, malgré l'irritation produite à Liberia par l'acte
énergique, mais outrageant pour cette république, du chef d'état-major Pointel, la
sentence rendue après mon départ, en mon absence, sans mes explications et sous
la pression des intrigues du consul anglo-français Nwhman, n'a abouti qu'à une
indemnité de 30,000 francs adjugée au capitaine Craft, pour son prétendu sauvetage.

2° Mon procès perdu malgré les moyens de défense que j'aurais pu faire valoir, en
mettant les choses au pis aller, je n'avais à subir qu'un sacrifice de 6,000 piastres.

C'était là une perte relativement peu importante à supporter par mon opération,
mais je restais sur les lieux, maître de mon navire, libre de continuer et de mener
à bien mon entreprise et à même de réintégrer à mon bord mes émigrants.

En effet, l'affaire réduite à des négociations d'influences pacifiques, rien n'était
plus facile avec le concours de deux navires de guerre français qui pouvaient me
mettre à même d'invoquer non-seulement la justice et la raison, mais aussi la force ;
rien n'était surtout *moins susceptible d'amener un conflit,* que d'obtenir la punition
des égorgeurs de mon équipage. L'intérêt du capitaine Craft et de sa spéculation

[1] Voir Mémoire imprimé, pages 37, 68, paragraphes 142, 223 et 224.

n'était plus en jeu dans cette question, son complice Nwhman y était aussi lui complétement désintéressé; ce qui importait à ces deux hommes, c'était le succès d'une odieuse spéculation, 6,000 piastres versées en leurs mains, ils étaient satisfaits : le reste leur était indifférent.

Les révoltés d'ailleurs dépassaient à peine 25 hommes [1] et n'auraient trouvé aucun appui dans le gouvernement liberien, aussi, rien n'était plus aisé que de faire réintégrer à bord de mon navire tous les émigrants paisibles qui ne demandaient pas mieux que de faire leur paix avec moi, préférant ce parti là à la misère qui ne pouvait pas manquer de les atteindre dans un pays où ils n'avaient ni relations ni industrie, ni ressources, ou à l'esclavage et même à la mort dont ils étaient infailliblement menacés s'ils quittaient le territoire liberien [2].

J'avais donc la certitude de rallier à mon bord les émigrants débarqués à Monrovia et ceux laissés à Sougari, dans un pays ami, qui étaient tout disposés à me rejoindre, et avec lesquels je pouvais me diriger sur l'île de la Réunion.

Quelques jours de fermeté calme et de patience, amenaient ce résultat infailliblement.

Mais peut-être l'honneur national en eût souffert, aussi, ai-je soin de constater que mes intérêts avaient une position distincte de la question politique que je n'avais point à diriger, et dont je n'ai point à critiquer la direction.

En troisième lieu, s'il est admis que les autorités et les habitants de Liberia sont les auteurs et les complices du pillage de mon navire [3], s'il est constant, que le capitaine Craft a agi en pirate [4], s'il est reconnu que le consul de France, Nwhman, loin de me protéger, a été le complice de Craft et a, par spéculation et par haine de la France, méconnu tous ses devoirs de consul [5], ne suis-je pas obligé de dire comme citoyen français et comme membre de la grande famille maritime française, au cours

---

[1] Voir Mémoire imprimé, page 11, paragraphes 45, 46.

[2] Se rappeler les sacrifices humains qui ont lieu souvent dans ces contrées, et celui annoncé dans le royaume de Dohomey par la voie des journaux anglais, de novembre 1861.

[3] Voir Mémoire imprimé, pages 18, 32, 34, 36, 37, 71, paragraphes 93, 94, 95, 96, 97, 132, 138, 141, 229.

[4] Voir Mémoire imprimé, pages 45 à 47, 48 à 49 et 52, paragraphes 148 à 162, 170 à 173 et 200.

[5] Voir le Dossier du chef d'état-major, la destitution du consul.

d'une opération considérable, entreprise avec l'autorisation et la complète approbation de Son Excellence le Ministre de la Marine, dont les prescriptions et les conseils ont été suivis par moi de point en point, j'ai vu, contrairement au droit des gens, mon navire volé par d'odieux spéculateurs, se décorant du titre de sauveteurs, et ma fortune a été détruite.

En réparation de tels attentats, je devais compter sur la protection efficace de la France, au premier avis que recevrait l'autorité [1].

Au gouvernement français seul il appartenait de faire valoir utilement mes droits, et contre la république de Liberia et contre la Compagnie de la malle royale anglaise, et contre le consul Nwhman.

Cependant, au moment où par la présence des deux navires de guerre français à Monrovia, l'exercice de mes droits et contre la République de Liberia, et contre la Compagnie de la malle royale anglaise, et contre le consul Nwhman, paraissait assuré, et le succès de mon opération, hors de doute, un malheureux conflit qui engageait la dignité du nom français et pouvait compromettre les bonnes relations de la France et de l'Angleterre, a surgi sans que j'y fusse pour rien [2].

L'officier français, pressé par la gravité des circonstances, offensé dans sa dignité et placé fatalement dans la nécessité d'opter entre deux intérêts qui cependant paraissaient étroitement liés, l'honneur et la dignité de son commandement et par conséquent l'honneur et la dignité de la France d'une part, et mes intérêts commerciaux d'autre part, n'a pu ni dû hésiter. Il a fait énergiquement son devoir et a donné satisfaction à l'honneur national en évitant d'engager un conflit avec le gouvernement anglais, supposant sans doute, que le surplus n'étant qu'une question d'argent, le Gouvernement y pourvoirait [3], et je pourrai conclure en disant que la triple action que j'avais à exercer s'étant évanouie par le fait de l'autorité française qui cependant n'agissait que pour me protéger ainsi qu'elle a l'habitude de le faire pour tous ses nationaux, et pour m'arracher à l'ennemi, c'est au gouvernement français qu'il appartient de compléter l'œuvre de la marine militaire qui, pour sauver l'honneur

[1] Tout capitaine, sous peine de pénalité, est tenu d'informer son Gouvernement des insultes faites à son pavillon.

[2] Voir les pièces au Dossier du chef d'état-major, échangé avec le président de Liberia.

[3] Voir Mémoire imprimé, pages 20, 35, 70, paragraphes 106 à 107, 139, 227.

du pavillon, a laissé de côté mes intérêts, en ne s'arrêtant pas à Sougari [1], y prendre mes émigrants.

Enfin, je pourrai ajouter, tout en protestant de ma vive reconnaissance pour le généreux empressement que la marine impériale avait mis à me secourir, que son secours m'aura ruiné si le gouvernement français n'achève pas l'œuvre si bien commencée par l'honorable chef d'état-major qui, je le répète, a pourvu au plus pressé, l'honneur du drapeau, et a dû laisser au gouvernement de l'Empereur, si juste appréciateur des services rendus, le soin de pourvoir à la question d'argent.

D'ailleurs, la généreuse et libérale conduite du Gouvernement dans l'affaire du *Charles-Georges*, victime sans doute comme moi de la jalousie anglaise, mais qui n'avait pas du moins succombé comme moi sous un acte d'odieuse piraterie, me donne confiance qu'enfin je recevrai une juste et convenable indemnité [2].

Quelle sera cette indemnité?

J'ai expliqué et établi que j'avais contracté 459 engagements tous en dehors des États de Libéria [3].

Arrivant avec ce nombre d'engagés à l'île de la Réunion, j'avais la chance rationnelle de les placer aux colons sur le pied moyen d'un prix de 950 francs. En effet, on peut consulter les documents relatifs à ce genre d'affaires pendant l'année 1858, dans l'île de la Réunion, et l'on verra que les contrats se cédaient dans les prix de 800 à 1.100 francs [4], c'est pourquoi je prends la moyenne, et je dis : 459 contrats à 950 francs, produisent un chiffre de. . . . . F.

J'avais la certitude de faire en retour sur Nantes mon plein chargement de sucre, 600 tonneaux, à 100 francs l'un. . . . .

Enfin, la perte par le pillage, de mes effets personnels, instruments de marine, évaluée au minimum à. . . . .

Total de mon préjudice [5 et 6]. . . . . F. _______

---

[1] Voir Mémoire imprimé, pages 20, 35, 70, paragraphes 106 à 107, 139, 227.

[2] Voir le tableau ci-contre du préjudice du *Charles-Georges*, établi minutieusement par la Commission au Ministère.

[3] Voir la Carte ci-contre; elle indique qu'aucun émigrant n'a été engagé dans les États de Liberia.

[4] Voir au Dossier le *Bulletin de la Réunion*, de cette époque.

[5 et 6] Voir le Tableau ci-contre du préjudice, et au dossier, l'extrait des journaux exprimant l'opinion de l'Europe entière.

Établi par la Commission au Ministère : Ce navire, du port de 500 tonneaux, monté de 15 hommes d'équipage lors de sa capture ; 55 émigrants étaient engagés.

1. PRÉJUDICE RÉCLAMÉ par le *capitaine Roussel*............ F. 655.083
2.   *id.*   RECONNU par la *Commission* 349.045
3.   *id.*   ARRÊTÉ par suite de conseils officieux et par transaction pour être réglé, afin de pouvoir mettre à profit mes aptitudes de marin.............................. 150.871

4. PRÉJUDICE pour le séquestre du cap. Roussel.	F. 100.000	F.	50.000
5. *id.* *id.* du second	40.000		6.000
6. *id.* *id.* du lieutenant	10.000		5.000
7. *id.* *id.* du m^{tre} d'équip^{ge}.	6.000		5.000
8. PRÉJUDICE pour le sequestre des 11 marins..	66.000		25.000
9. TOTAUX.....	F. 222.000	F.	91.000
10. Valeur du navire au départ et à son arrivée..	F. 150.774	F.	50.228
11. Espèces et cargaison à bord, F. 53.898 et 31.024..	84.916		63.149
12. Cuirs de cargaison en retour................	14.350		8.000
13. Police d'assurance......................	19.175		»
14. Gages de l'équipage......................	22.000		»
15. Privation du navire, F. 240.000, fret, F. 55,000...	295.000		»
16. Bénéfice de 55 émigrants................	30.000		
17. Deuxième privation du navire et fret, F. 50.000, et 50.000 pour 500 tonneaux..............	100.000		130.000
18. Dépenses à Lisbonne	5.868		5.868
19. Traite en cours de voyage................	63.000		»
TOTAL des sommes demandées et de celles accordées...	F. 655.083	F.	258.045

RÉCAPITULATION :

Dommages personnels, report n° 9.		F. »	F.	91.000
Le navire,	dommages matér^{ls}.,	50.000		»
Armement à la Réunion,	*id.* ..	63.149		»
Assurance de Lisbonne,	*id.* ..	800		»
Bénéfices sur les émigrants,	*id.* ..	30.000		»
Cuirs,	*id.* ..	8.000		»
Fret d'aller ou privation,	*id.* ..	50.000		»
Fret de retour *id.*	*id.* ..	50.000		258.045
Indemnité reconnue,		TOTAL.............		F. 349.045

Le *Regina*, du port de 600 tonneaux, monté par 20 hommes d'équipage lors de sa capture, avait 459 émigrants d'engagés.

Le *Charles-Georges* et le *Regina* étaient tout deux dans des conditions identiques, expédiés pour une opération d'émigrants avec une cargaison composée de marchandises et d'espèces, tous deux ont été capturés, l'opération du premier était commencée par 55 émigrants, l'opération du second terminée par 459.

Tous deux pour des motifs semblables ont été repris par la force, et d'une manière éclatante des mains des capteurs.

Une demande de préjudice a été examinée minutieusement par une Commission du Ministère, elle a décidé qu'une somme de 349.045 fr. devait être allouée pour le préjudice souffert par le capitaine Roussel, *par conséquent quelle somme me sera-t-il allouée?* Prenant les chiffres de la Commission pour base, on devrait dire, dans la première hypothèse, si pour 55 émigrants, on a donné 349.045 fr., pour 459, on devra donner 2.912.814 fr.; attendu que les émigrants de ces deux navires représentaient l'*opération*.

Soit $\frac{349.045}{55 \text{ émigrants}}$ = 6.343 fr. × 459 émigrants = 2.912.814 comme ci-dessus.

Dans la deuxième hypothèse, si on ajoute les 30.000 fr., N° 16, qui figurent au compte de la Commission, bénéfice des 55 émigrants avec les 50.000 fr., N° 17, du fret, et diviser la somme 80.000 fr. par 55, on aura 1.454 fr. pour unité d'indemnité pour chacun d'eux, qui, multipliés par 459, donnera 667.386 fr.; ajoutant le fret de 600 tonneaux de sucre de la Réunion en France à 100 fr. l'un, on aura 60.000 fr.

Total de ces deux sommes réunies, 727.386 fr.; soit $30.000 + 50.000 = \frac{80.000}{55}$ $= 1.454 \times 459 = 667.386 + 60.000$ fr. $= 727.386$ fr.

Dans la troisième hypothèse, et la plus rationnelle et la plus équitable, prenant dans le *Bulletin de la Réunion* les premiers mois de 1858, époque supposée de mon arrivée (*le prix des contrats cédés*), on trouve ceux de 1.100, 1.000, 900 et 800 fr.; soit ce dernier, qui, multiplié par 459, produit la somme de 367.200 fr.; à quoi il faut ajouter comme ci-dessus les 600 tonneaux de sucre à 100 fr. $\frac{60.000 \text{ fr.}}{\text{pour 600 ton.}}$, N° 17.

Total de l'indemnité.................... 427.200 fr.
Soit 459 × 800 fr. = 367.200 + 60.000 fr. = 427.200 fr.

L'ambassadeur français à Lisbonne ayant obligé le gouvernement portugais à restituer 349.045 fr., à titre d'indemnité, plus les émigrants du *Charles-Georges*, le gouvernement français, j'en suis sûr, fera droit à ma demande de 150.871 fr., adoptée par transaction amiable au comptant, plus les intérêts 5 %.

Nantes, imp. Vincent Forest et Émile Grimaud, pl. du Commerce.

Villes situées dans les rivières désignées ci-après.

94